Die Offenbarung des Johannes

Mit einer Einleitung von
Will Self

Fischer Taschenbuch Verlag

Deutsche Erstausgabe
Veröffentlicht im Fischer Taschenbuch Verlag GmbH,
Frankfurt am Main, November 2000

Die englische Originalausgabe erschien 1998
unter dem Titel ›revelation‹
im Verlag Canongate Books, Ltd., Edinburgh
Für die deutsche Ausgabe:
© Fischer Taschenbuch Verlag GmbH, Frankfurt am Main 2000
Für die Einleitung: © Will Self 1998
Satz: Fotosatz Otto Gutfreund GmbH, Darmstadt
Druck und Bindung: Claussen und Bosse, Leck
Printed in Germany
ISBN 3-596-14512-0

Das Bibel Projekt: zum Text dieser Ausgabe

Martin Luthers Übersetzung der Bibel ist ein Meilenstein in der Entwicklung der deutschen Sprache und Literatur. In einzigartiger Weise, wohl mehr als sonst irgendein Werk, hat die Bibel Luthers die Art und Weise geprägt, wie wir denken, wie wir uns ausdrücken und wie wir schreiben – ganz aktuell bis heute. Die Präsentation einzelner Bände löst die Bücher aus ihrer traditionellen Form und eröffnet so eine moderne Perspektive, sie als literarisch eigenständige Werke neu zu entdecken.

Zwölf Bücher der Bibel sind im Bibel Projekt versammelt. Sie umfassen eine Fülle von Themen und Gattungen – Geschichte, erotische Dichtung, Philosophie, Gesetzestexte und Literatur. Zu jedem Band haben international bekannte Autoren Vorworte geschrieben, deren ganz persönlicher Zugang einen modernen Blick auf die Bibel eröffnet.

Will Self ist der Autor von drei Romanen, ›Das Ende der Beziehung‹, ›Die schöne Welt der Affen‹ und ›Spaß‹, für die er mehrfach ausgezeichnet wurde. Zuletzt erschien von ihm ein Band mit Erzählungen, ›Die Quantitätstheorie des Irrsinns‹.

Unsere Adresse im Internet: www.fischer-tb.de

Einleitung
von Will Self

Aus dem Englischen von
Charlotte Breuer

Einleitung

Mein Freund Ben Trainin starb vor dreizehn Jahren an einem Herzinfarkt, in Folge eines Asthma-Anfalls, der wiederum die Folge von Komplikationen eines intensiven, verworrenen Lebens war: ein Absud des Daseins. Er wohnte mit seiner Freundin in einer Wohnung von der Größe eines Schuhkartons in einer Nebenstraße der Commercial Road in Whitechapel. Das Bett – in dem er starb – stand direkt unter dem Fenster, von dem aus man die in Plastik verpackten Klamotten in den Schaufenstern des Secondhandladens auf der gegenüberliegenden Straßenseite sehen konnte. Ben war achtundzwanzig.

Er war kein einfaches Gemüt – er war eine komplexe Persönlichkeit. Er stammte aus einer weit verzweigten Familie mit Verbindungen zu Künstlerkreisen sowie zum East End. Er hatte sich an der Nottingham University für Geschichte eingeschrieben, aber dann fing er an, jede Menge Speed einzuwerfen, und eines Tages stand er auf dem Dach seines Hauses auf der Kanzel und extemporierte eine Predigt an der frischen Luft. Während der nächsten Jahre hatte er einen Job als Kellner im Colony Room Club in Soho, den sein – selbst ernannter – »Pate« Ian Board ihm vermittelt hatte. Dann machte er die schriftliche Aufnahmeprüfung für Oxford und erzielte einen beispiellosen Erfolg. Der berühmte Historiker Christopher Hill – damals noch Dekan am Balliol-College –, der das Aufnahmegespräch führte, bot ihm einen Studienplatz in Geschichte an. So haben wir uns kennen gelernt.

Ben war eine verdammt komplexe Persönlichkeit. Zu seiner Art der Selbstdarstellung gehörte es, den Einfaltspinsel zu markieren. Mit zerzausten Haaren, schlechten Zähnen und offenem Mund schaute er mich aus großen Augen an und sagte:»Wahnsinn!«,

»Nein!«, »Im Ernst?« und »Mann, Will!«, nur um dann loszuprusten wie ein Idiot. Er ging mit eingeknickten Knien, als würde er dauernd bergab laufen.

Ben machte gern überraschende Geschenke. Wenn ich in meinem Zimmer saß und las, schlich Ben sich manchmal auf Zehenspitzen herein. Er legte ein Buch mit Gedichten von Basho oder eine Einführung in den Zen-Buddhismus irgendwo hin und ging – ohne ein Wort zu sagen – wieder hinaus. Von Ben hörte ich zum ersten Mal den Ausdruck: »willkürliche Akte sinnloser Großzügigkeit.«

Er war brillant und verwirrt. Einmal fand er mich, als ich auf dem Bett lag. Ich hatte einen schlechten Acid-Trip geworfen und fühlte mich in einer unendlichen Kathedrale aus schreienden Mäulern gefangen. »Horrortrip«, konstatierte er, als er sah, in welchem Zustand ich mich befand. »Du brauchst Wein.« Dann flößte er mir mit Hilfe einer Zeitschrift, die er als Trichter benutzte, zwei Flaschen Burgunder ein. Eine Stunde später tanzte ich in der Disco der Law Society zu Edwin Starrs *Eye to Eye Contact*.

Was Drogen anging, lautete Bens Maxime »wenig aber oft«. Er rauchte dauernd winzige Stückchen Haschisch und schniefte mikroskopisch kleine Mengen Speed. Zusammen mit ein paar Gleichgesinnten gründeten wir eine Rhythm and Blues-Band. Ben verehrte Robert Johnson und hätte glatt seine Seele verschachert, um dafür eine Begabung im Gitarrespielen einzutauschen. Wir komponierten ein paar verrückte Songs. Ich liebte ihn sehr.

In dem Chaos von LSD, Speed, Heroin, Haschisch, Kokain, Philosophie, Jugend, Literatur, Demos, Sex, Freundschaft und Tanz rieb Ben sich auf. Die Auflösung unserer Peergroup schien ein äußeres

Abbild seines inneren Zustands zu sein. Als wir die Universität verließen, begann Ben, Tagesausflüge in die Unzurechnungsfähigkeit zu machen. Dann wurden aus den Tagen ganze Wochenenden. Wir zogen in Brixton in ein besetztes Haus. Das war 1982. Eine sehr rohe, sehr wüste Zeit – vor allem für einen, der mit den Nerven am Ende war. Eines Abends fuchtelte Ben mir mit einem schweren Fahrradschloss vor der Nase herum und drohte, uns beide damit umzubringen, er wollte, dass wir uns gegenseitig damit erschlagen. Für jemanden, der willkürliche Akte sinnloser Großzügigkeit praktizierte, war die Welt unerträglich klein kariert und engstirnig geworden.

Danach traf ich Ben nur noch sporadisch. Er zog nach Kennington, ein Dorf ein paar Kilometer außerhalb von Oxford. Anfangs wohnte er mit einer überspannten, fetten Person zusammen, die als »Weise Frau« galt. Das ist kein Scherz – ich erinnere mich, wie ich einmal zu Besuch kam und ein verlegen herumdrucksendes Pärchen in der Wohnung antraf, das sich von ihr in Sachen Fruchtbarkeit beraten ließ. Sie war so fett, dass sie einen extra verstärkten und zum Sessel umgebauten Krankenhausnachtstuhl zum Sitzen benutzte. Ben sagte, das Sozialamt hätte ihr das Ding zur Verfügung gestellt.

Als Nächstes zog er mit einem schwulen Pärchen, zwei Priestern, zusammen. Die beiden wirkten sehr fürsorglich, als ich Ben besuchte, und schienen sehr besorgt um seine Gesundheit und sein Wohlergehen. Allerdings schwangen häufig vorwurfsvolle Untertöne – und sogar Obertöne – mit, die darauf schließen ließen, dass ihre Anteilnahme nicht ohne Hintergedanken war.

Während des heißen Frühsommers 1985 lebte ich in einer feinen Londoner Wohnung, die mir vorübergehend überlassen worden war. Ich hatte kein Geld, aber teure Gewohnheiten. Eines Tages rief Ben an. Er wollte mich nach Monaten endlich einmal besuchen. Ehrlich gesagt hatte ich angefangen, ihm aus dem Weg zu gehen. Der Doppelselbstmordversuch war schlimm genug gewesen, aber seitdem hatte Ben angefangen, die Welt durch die dunkle Brille der ›Offenbarung des Johannes‹ zu interpretieren.

Er schleppte neuerdings auf Schritt und Tritt eine Taschenbibel mit sich herum – in Leder gebunden, wenn ich mich recht erinnere. Mitten in seinen stets leidenschaftlichen und zusammenhanglosen Vorträgen zog er plötzlich den Wälzer aus der Tasche, fuchtelte einem damit vor der Nase herum, zitierte die passende Prophezeiung und gab seine eigene Exegese zum Besten, die er in unleserlicher, winziger Schrift an den Rand gekritzelt hatte. Erstaunlicherweise waren seine Verweise stets korrekt – das letzte Anzeichen dafür, dass sein Verstand noch funktionierte. Montaigne hat gesagt: »Da wo ich herkomme, nennt man einen Mann, der keine Erinnerung mehr hat, ›dumm‹.« Ben war nie dumm. Er sprach vom scharfen, zweischneidigen Schwert (1.16) und von der Nützlichkeit, mit dem in Verbindung zu stehen, der »die Schlüssel der Hölle und des Todes« (1.18) besitzt.

Wie für viele, die am Rande einer Psychose taumeln – einen Fuß fest in die Tür der Wahrnehmung gerammt, damit sie nicht endgültig zuschlägt –, bot die Offenbarung Ben eine schreckliche, immanente Identifikationsmöglichkeit; einen Fixpunkt, um den seine labile Psyche kreisen konnte, um sich dann zu spalten. Ben machte sich nicht irgendeine einzelne Lesart der Bedeutung der Offenbarung zu Eigen – er vertrat sie alle.

Einleitung

Ich bin mir nicht sicher, ob Bens Krankheit jemals korrekt diagnostiziert wurde. Ich weiß, dass er zur Zeit seines Todes irgendeine Art Unterstützung oder Behandlung erhielt, aber ich glaube nicht, dass irgendjemand es geschafft hatte, diese wunderbar in sich geschlossene Persönlichkeit in eine Schublade der Psychopathologie zu stecken. Ich vermute, dass er manisch-depressiv war. Heute, mit besseren Medikamenten und besserer Diagnostik, könnte Ben vielleicht gerettet werden – aber ich bezweifle es.

Denn der Persönlichkeitszerfall dieses Mannes wurde von einer quälend tiefen Selbsterkenntnis begleitet. Selbst während er – zum x-ten Mal – die Gleichungen durchging, die den numerologischen Inhalt der Offenbarung erklärten – vier Tiere mal sieben Siegel mal zwölf Stämme von zwölftausend –, wurde er von den Furien seines Verstandes tyrannisiert, rappelte sich zwischendurch auf und rief aus: »Na ja, in Wirklichkeit ist das natürlich alles nichts als abergläubischer Schwachsinn.«

Ben ging also an diesem heißen Frühsommertag in meiner großen, geborgten Wohnung auf und ab. Er schlug vor, *dies* zusammen zu unternehmen, oder *jenen* bestimmten Ort aufzusuchen. Er meinte, wir sollten *so-und-so* werden, oder uns jener *bestimmten* Sache verschreiben. Und alles war aus der *Offenbarung* abgeleitet, alles war bedeutungsgleich – oder gleichbedeutend – mit dem vorherbestimmten, geweihten, von Gott gelenkten Universum.

Er wollte, dass ich ihn zum Natural History Museum begleite, aber ich lehnte ab. Er machte mir Angst. Wenn jemand, den man liebt, dabei ist, den Verstand zu verlieren, ist das offen gestanden ziemlich furchteinflößend. Derjenige mag vielleicht einen Fuß in die Tür der Vernunft geklemmt haben, aber wenn er den Fuß zurückzieht, könnte der Sog einen selbst gleich mit aus der Welt der Rationalität heraussaugen; einen ausspeien in die schreiende Leere des Es.

Ben verabschiedete sich von mir, das heißt, er sagte, er sei gekommen, um sich zu verabschieden. Er steckte sich das kleine Buch, das ihm keine Ruhe ließ, in die Tasche und ging. Er starb eine Woche später.

Er wollte nicht – war nicht bereit, in diesem Zustand weiterzuleben. Ich glaube, er hat seinen Tod durch Willenskraft herbeigeführt. In den langen Stunden direkt nach seinem Tod, als viele traurige Geschichten sich um ihn rankten, hörte ich immer wieder von anderen Freunden, dass Ben sie in der vorangegangenen Woche besucht hatte; dass er seit Monaten zum ersten Mal aufgetaucht war; dass er gesagt hatte, er sei gekommen, um sich zu verabschieden – anstatt beim Weggehen einfach »goodbye« zu sagen.

Ein paar Monate später stand ich am Tresen eines Schnellimbissladens auf dem Haverstock Hill, als plötzlich Elemente einer vertrauten Litanei an mein Ohr drangen: ein respektloses, verzweifeltes Beschwören. Es kam von dem grobschlächtigen Mann, der neben mir in der Schlange stand; seine zerschlissenen Jeans standen vorne offen, sodass eine Schlafanzughose aus der Psychiatrischen Anstalt zu sehen war. Wir befanden uns, wie mir dabei einfiel, in dem mit Verrückten reich gesegneten Bezirk rund um das Royal Free Hospital, diesem babylonischen Turm der Sozialhygiene. Der Mann – der, ohne dass ich ihn verächtlich machen will, offenbar an einer ganzen Reihe schizoider Symptome litt – sprach von dieser Frau: »... und an ihrer Stirn geschrieben einen

Namen, *ein Geheimnis*: DAS GROSSE BABYLON, DIE MUTTER DER HUREREI UND ALLER GRAEUEL AUF ERDEN.«

Er sprach erst in Magerdruck, dann in Kursivschrift, dann in Großbuchstaben. Es war seine eigene, ganz persönliche Offenbarung.

Dieser Bandwurm eigenwilliger Bibelexegese, der aus den Köpfen der Verrückten quoll wie buntgestreifte Zahncreme aus einer Tube, schlug mich nicht unbedingt in seinen Bann, aber er machte mich doch einigermaßen neugierig. Jedes Mal, wenn mir ein auffälliger Brabbler oder Deklamierer über den Weg lief, spitzte ich die Ohren in der Überzeugung, dass jeder dritte ein Volltreffer in punkto Offenbarung sein würde.

Ich habe die Offenbarung des Johannes einmal gelesen – danach wollte ich sie nie wieder lesen. Ich fand den Text pervers. Vielleicht ist es der Blockierungsmechanismus kritischer Typen und die entsprechende psychische Blockierung, aber irgendetwas ist *schräg* an der *Offenbarung*. Ich empfinde den Text als Infiltration sehr alter, ganz ursprünglicher Wahrheiten in einen auch heute noch frischen synkretistischen Teig – man spürt regelrecht, wie die Neoplatonisten immer noch an dem Stoff kneten, aus dem der Messias entstehen soll. Dieser Wust von gewalttätigen, bildhaften Ereignissen; diese kabbalistische Ehrfurcht vor Zahlen; dieser abgründige Widerwille gegen alles Körperliche, Sinnliche und Sexuelle. Der Text verstört in und durch sich selbst, er setzt die Parameter und stellt die Requisiten für sämtliche zukünftigen Schauerstücke. In seiner üblen Kulturfeindlichkeit liegt sein verderblicher Effekt; womöglich gelang es der Originalsprache, das Metaphorische mit dem Signifikanten zu verschmelzen, den *Logos* mit dem Fleisch, aber in der Version der King James Bibel ist der Text ein Possenspiel der Langeweile, ein aufgeblasener Horrorfilm.

Ich habe die exegetischen Texte über die Offenbarung studiert, und ich habe den Text selbst noch mehrmals gelesen. Ich habe nicht das Gefühl, dass ich ihn jetzt besser verstehe. Nicht im nahe liegenden Sinne – ich begreife die hebräischen und frühchristlichen Prophezeiungen als reine Offenbarung, abgetrennt von zeitlicher Kausalität und räumlichen Grenzen –, sondern in dem Sinne, dass ich mich in diesen Text nicht einfühlen kann, ich kann mir nicht vorstellen, wie es ist, ihn nachzuempfinden.

Gestern Abend habe ich mich ins Internet eingeklinkt und nach der Offenbarung gesucht. Komisch, wie die Toten immer toter werden. Ben war tot in dem Augenblick, als er starb, aber fünf Jahre nach seinem Tod war er toter, und jetzt ist er noch toter. Ich weiß das, weil meine Vorstellung von ihm völlig anachronistisch ist: wenn er jetzt auferstünde, würde er fehl am Platz wirken neben meinem Farbbildschirm, der einem auf stumpfsinnige Weise klar macht, dass das, was man sieht, die Wahrheit ist – *what you see is what you get*.

Ich habe meinen Suchbefehl in eine nicht besonders effektive Suchmaschine eingegeben, die Kurzformel des Schreckens: ›Die Offenbarung des Johannes.‹ Ich habe auf »enter« gedrückt und gewartet. Auf dem Bildschirm tauchte eine zusammengerollte Schriftrolle auf, und ich bekam 2 666 896 Webseiten angeboten. Und das waren keineswegs nur die »Top 10 Offenbarungen aus Marcia Clarks neuem Buch über den O. J. Simpson-Prozess«. O nein, wenn es nur das gewesen wäre. Nein, sie waren alle der wahre Jakob: die apokalyptischen Visionen, die der vernetzten Generation im Hier und Jetzt des von den Christen festgelegten Jahrtausendwechsels aufs Auge gedrückt werden. Niemand braucht mehr in einer Imbissbude vor sich hin zu brabbeln, die Verrückten brauchen nicht mehr auf leeren Straßen zu deklamieren, während ihre einzigen Zuhörer in die entgegengesetzte Richtung flüchten. Jetzt können sie sich eine aufgerollte Schriftrolle auf den Bildschirm holen.

Unsere Vorstellung der Apokalypse ist durchtränkt mit der Sprache der Offenbarung. In diesem Jahrhundert ist der Stern namens Wermut tatsächlich gefallen, und das Meer ist so schwarz wie ein schwarzer Sack, und der Mond ist wie Blut. Wir haben die Stille gehört – sie dauerte etwa eine halbe Stunde –, die beim Öffnen des siebten Siegels entstand, und wir sind immer noch da.

Ich habe nichts am Hut mit persönlicher Unsterblichkeit – das ist der Auswurf des Opiums für das Volk. Ich habe keine Zeit, mich mit der Vorstellung auseinander zu setzen, die Menschen seien in Sünde geboren, um ihr Leben lang nach Vergebung zu schreien. Wenn die Offenbarung überhaupt ein Gefühl in mir auslöst, jetzt, wo wir an der Schwelle des Jahrtausends stehen und mehrstündige Fernsehretrospektiven ansehen, dann ist es ein Gefühl abergläubischer Ehrfurcht, wie es Shelleys Ozymandias beschreibt: »Seht meine Werke an, ihr Mächtigen, und verzweifelt.« Nicht zu fassen, dass dieser Text überlebt hat und zu dem Stoff geworden ist, aus dem der psychotische Alptraum von heute gemacht ist.

Nicht nur die Guten sterben jung – aber manche.

In Erinnerung an Benjamin Gregor Trainin, *1957–1985*

Die Offenbarung des Johannes

Das 1. Kapitel

1. Dies ist die Offenbarung Jesu Christi, die ihm Gott gegeben hat, seinen Knechten zu zeigen, was in der Kürze geschehen soll; und er hat sie gedeutet und gesandt durch seinen Engel zu seinem Knecht Johannes, 2. der bezeugt hat das Wort Gottes und das Zeugnis von Jesu Christo, was er gesehen hat. 3. Selig ist, der da liest und die da hören die Worte der Weissagung und behalten, was darin geschrieben ist; denn die Zeit ist nahe. 4. Johannes den sieben Gemeinden in Asien: Gnade sei mit euch und Friede von dem, der da ist und der da war und der da kommt, und von den sieben Geistern, die da sind vor seinem Stuhl, 5. und von Jesu Christo, welcher ist der treue Zeuge und Erstgeborene von den Toten und der Fürst der Könige auf Erden! Der uns geliebt hat und gewaschen von den Sünden mit seinem Blut 6. und hat uns zu Königen und Priestern gemacht vor Gott und seinem Vater, dem sei Ehre und Gewalt von Ewigkeit zu Ewigkeit! Amen. 7. Siehe, er kommt mit den Wolken, und es werden ihn sehen alle Augen und die ihn zerstochen haben; und werden heulen alle Geschlechter der Erde. Ja, amen. 8. Ich bin das A und das O, der Anfang und das Ende, spricht Gott der Herr, der da ist und der da war und der da kommt, der Allmächtige. 9. Ich, Johannes, der auch euer Bruder und Mitgenosse an der Trübsal ist und am Reich und an der Geduld Jesu Christi, war auf der Insel, die da heißt Patmos, um des Wortes Gottes willen und des Zeugnisses Jesu Christi. 10. Ich war im Geist an des Herrn Tag und hörte hinter mir eine große Stimme wie eine Posaune, 11. die sprach: Ich bin das A und das O, der Erste und der Letzte; und was du siehest, das schreibe in ein Buch und sende es

zu den Gemeinden in Asien: gen Ephesus und gen Smyrna und gen Pergamus und gen Thyatira und gen Sardes und gen Philadelphia und gen Laodizea. 12. Und ich wandte mich um, zu sehen nach der Stimme, die mit mir redete. Und als ich mich wandte, sah ich sieben goldene Leuchter 13. und mitten unter den sieben Leuchtern einen, der war eines Menschen Sohne gleich, der war angetan mit einem langen Gewand und begürtet um die Brust mit einem goldenen Gürtel. 14. Sein Haupt aber und sein Haar war weiß wie weiße Wolle, wie der Schnee, und seine Augen wie eine Feuerflamme 15. und seine Füße gleichwie Messing, das im Ofen glüht, und seine Stimme wie großes Wasserrauschen; 16. und er hatte sieben Sterne in seiner rechten Hand, und aus seinem Munde ging ein scharfes, zweischneidiges Schwert, und sein Angesicht leuchtete wie die helle Sonne. 17. Und als ich ihn sah, fiel ich zu seinen Füßen wie ein Toter; und er legte seine rechte Hand auf mich und sprach zu mir: Fürchte dich nicht! ich bin der Erste und der Letzte 18. und der Lebendige; ich war tot, und siehe, ich bin lebendig von Ewigkeit zu Ewigkeit und habe die Schlüssel der Hölle und des Todes. 19. Schreibe, was du gesehen hast, und was da ist, und was geschehen soll darnach. 20. Das Geheimnis der sieben Sterne, die du gesehen hast in meiner rechten Hand, und die sieben goldenen Leuchter: die sieben Sterne sind Engel der sieben Gemeinden; und die sieben Leuchter, die du gesehen hast, sind sieben Gemeinden.

Das 2. Kapitel

1. Dem Engel der Gemeinde zu Ephesus schreibe: Das sagt, der da hält die sieben Sterne in seiner Rechten, der da wandelt mitten unter den sieben goldenen Leuchtern: 2. Ich weiß deine Werke und deine Arbeit und deine Geduld und dass du die Bösen nicht tragen kannst; und hast versucht die, so da sagen, sie seien Apostel, und sind's nicht, und hast sie als Lügner erfunden; 3. und verträgst und hast Geduld, und um meines Namens willen arbeitest du und bist nicht müde geworden. 4. Aber ich habe wider dich, dass du die erste Liebe verlässest. 5. Gedenke, wovon du gefallen bist, und tue Buße und tue die ersten Werke. Wo aber nicht, werde ich dir bald kommen und deinen Leuchter wegstoßen von seiner Stätte, wo du nicht Buße tust. 6. Aber das hast du, dass du die Werke der Nikolaiten hassest, welche ich auch hasse. 7. Wer Ohren hat, der höre, was der Geist den Gemeinden sagt: Wer überwindet, dem will ich zu essen geben von dem Holz des Lebens, das im Paradies Gottes ist. 8. Und dem Engel der Gemeinde zu Smyrna schreibe: Das sagt der Erste und der Letzte, der tot war und ist lebendig geworden: 9. Ich weiß deine Werke und deine Trübsal und deine Armut (du bist aber reich) und die Lästerung von denen, die da sagen, sie seien Juden, und sind's nicht, sondern sind des Satans Schule. 10. Fürchte dich vor der keinem, das du leiden wirst! Siehe, der Teufel wird etliche von euch ins Gefängnis werfen, auf dass ihr versucht werdet, und werdet Trübsal haben zehn Tage. Sei getreu bis an den Tod, so will ich dir die Krone des Lebens geben. 11. Wer Ohren hat, der höre, was der Geist den Gemeinden sagt: Wer überwindet, dem soll kein Leid geschehen von dem andern Tode.

12. Und dem Engel der Gemeinde zu Pergamus schreibe: Das sagt, der da hat das scharfe, zweischneidige Schwert: 13. Ich weiß, was du tust und wo du wohnst, da des Satans Stuhl ist; und hältst an meinem Namen und hast meinen Glauben nicht verleugnet auch in den Tagen, in welchen Antipas, mein treuer Zeuge, bei euch getötet ist, da der Satan wohnt. 14. Aber ich habe ein Kleines wider dich: dass du daselbst hast, die an der Lehre Bileams halten, welcher lehrte den Balak ein Ärgernis aufrichten vor den Kindern Israel, zu essen Götzenopfer und Hurerei zu treiben. 15. Also hast du auch, die an der Lehre der Nikolaiten halten; das hasse ich. 16. Tue Buße; wo aber nicht, so werde ich dir bald kommen und mit ihnen kriegen durch das Schwert meines Mundes. 17. Wer Ohren hat, der höre, was der Geist den Gemeinden sagt: Wer überwindet, dem will ich zu essen geben von dem verborgenen Manna und will ihm geben einen weißen Stein und auf dem Stein einen neuen Namen geschrieben, welchen niemand kennt, denn der ihn empfängt. 18. Und dem Engel der Gemeinde zu Thyatira schreibe: Das sagt der Sohn Gottes, der Augen hat wie Feuerflammen, und seine Füße sind gleichwie Messing: 19. Ich weiß deine Werke und deine Liebe und deinen Dienst und deinen Glauben und deine Geduld und dass du je länger, je mehr tust. 20. Aber ich habe wider dich, dass du lässest das Weib Isebel, die da spricht, sie sei eine Prophetin, lehren und verführen meine Knechte, Hurerei zu treiben und Götzenopfer zu essen. 21. Und ich habe ihr Zeit gegeben, dass sie sollte Buße tun für ihre Hurerei; und sie tut nicht Buße. 22. Siehe, ich werfe sie in ein Bett, und die mit ihr die Ehe gebrochen haben, in große Trübsal, wo sie nicht Buße tun für ihre Werke, 23. und ihre Kinder will ich zu Tode

schlagen. Und alle Gemeinden sollen erkennen, dass ich es bin, der die Nieren und Herzen erforscht; und ich werde geben einem jeglichen unter euch nach euren Werken. 24. Euch aber sage ich, den andern, die zu Thyatira sind, die nicht haben solche Lehre und die nicht erkannt haben die Tiefen des Satans (wie sie sagen): Ich will nicht auf euch werfen eine andere Last; 25. doch was ihr habt, das haltet, bis dass ich komme. 26. Und wer da überwindet und hält meine Werke bis ans Ende, dem will ich Macht geben über die Heiden, 27. und er soll sie weiden mit einem eisernen Stabe, und wie eines Töpfers Gefäße soll er sie zerschmeißen, 28. wie ich von meinem Vater empfangen habe; und ich will ihm geben den Morgenstern. 29. Wer Ohren hat, der höre, was der Geist den Gemeinden sagt!

Das 3. Kapitel

1. Und dem Engel der Gemeinde zu Sardes schreibe: Das sagt, der die sieben Geister Gottes hat und die sieben Sterne: Ich weiß deine Werke; denn du hast den Namen, dass du lebest, und bist tot. 2. Werde wach und stärke das andere, das sterben will; denn ich habe deine Werke nicht völlig erfunden vor Gott. 3. So gedenke nun, wie du empfangen und gehört hast, und halte es und tue Buße. So du nicht wirst wachen, werde ich über dich kommen wie ein Dieb, und wirst nicht wissen, welche Stunde ich über dich kommen werde. 4. Aber du hast etliche Namen zu Sardes, die nicht ihre Kleider besudelt haben; und sie werden mit mir wandeln in weißen Kleidern, denn sie sind's wert. 5. Wer überwindet, der soll mit weißen Kleidern angetan werden, und ich werde sei-

nen Namen nicht austilgen aus dem Buch des Lebens, und ich will seinen Namen bekennen vor meinem Vater und vor seinen Engeln. 6. Wer Ohren hat, der höre, was der Geist den Gemeinden sagt! 7. Und dem Engel der Gemeinde zu Philadelphia schreibe: Das sagt der Heilige, der Wahrhaftige, der da hat den Schlüssel Davids, der auftut, und niemand schließt zu, der zuschließt, und niemand tut auf: 8. Ich weiß deine Werke. Siehe, ich habe vor dir gegeben eine offene Tür, und niemand kann sie zuschließen; denn du hast eine kleine Kraft und hast mein Wort behalten und hast meinen Namen nicht verleugnet. 9. Siehe, ich werde geben aus des Satanas Schule, die da sagen, sie seien Juden, und sind's nicht, sondern lügen; siehe, ich will sie dazu bringen, dass sie kommen sollen und niederfallen zu deinen Füßen und erkennen, dass ich dich geliebt habe. 10. Dieweil du hast bewahrt das Wort meiner Geduld, will ich auch dich bewahren vor der Stunde der Versuchung, die kommen wird über den ganzen Weltkreis, zu versuchen, die da wohnen auf Erden. 11. Siehe, ich komme bald; halte, was du hast, dass niemand deine Krone nehme! 12. Wer überwindet, den will ich machen zum Pfeiler in dem Tempel meines Gottes, und er soll nicht mehr hinausgehen; und will auf ihn schreiben den Namen meines Gottes und den Namen des neuen Jerusalem, der Stadt meines Gottes, die vom Himmel herniederkommt von meinem Gott, und meinen Namen, den neuen. 13. Wer Ohren hat, der höre, was der Geist den Gemeinden sagt! 14. Und dem Engel der Gemeinde zu Laodizea schreibe: Das sagt, der Amen heißt, der treue und wahrhaftige Zeuge, der Anfang der Kreatur Gottes: 15. Ich weiß deine Werke, dass du weder kalt noch warm bist. Ach, dass du kalt oder warm wärest! 16. Weil du aber lau bist und weder kalt noch warm, werde ich dich ausspeien aus meinem Munde. 17. Du sprichst: Ich bin reich und habe gar satt und bedarf nichts! und weißt nicht, dass du bist elend und jämmerlich, arm, blind und bloß. 18. Ich rate dir, dass du Gold von mir kaufest, das mit Feuer durchläutert ist, dass du reich werdest, und weiße Kleider, dass du dich antust und nicht offenbart werde die Schande deiner Blöße; und salbe deine Augen mit Augensalbe, dass du sehen mögest. 19. Welche ich liebhabe, die strafe und züchtige ich. So sei nun fleißig und tue Buße! 20. Siehe, ich stehe vor der Tür und klopfe an. So jemand meine Stimme hören wird und die Tür auftun, zu dem werde ich eingehen und das Abendmahl mit ihm halten und er mit mir. 21. Wer überwindet, dem will ich geben, mit mir auf meinem Stuhl zu sitzen, wie ich überwunden habe und mich gesetzt mit meinem Vater auf seinen Stuhl. 22. Wer Ohren hat, der höre, was der Geist den Gemeinden sagt!

Das 4. Kapitel

1. Darnach sah ich, und siehe, eine Tür war aufgetan im Himmel; und die erste Stimme, die ich gehört hatte mit mir reden wie eine Posaune, die sprach: Steig her, ich will dir zeigen, was nach diesem geschehen soll. 2. Und alsobald war ich im Geist. Und siehe, ein Stuhl war gesetzt im Himmel, und auf dem Stuhl saß einer; 3. und der dasaß, war gleich anzusehen wie der Stein Jaspis und Sarder; und ein Regenbogen war um den Stuhl, gleich anzusehen wie ein Smaragd. 4. Und um den Stuhl waren vierundzwanzig Stühle, und auf den Stühlen saßen vierundzwanzig Älteste, mit weißen Kleidern angetan, und hatten

auf ihren Häuptern goldene Kronen. 5. Und von dem Stuhl gingen aus Blitze, Donner und Stimmen; und sieben Fackeln mit Feuer brannten vor dem Stuhl, welches sind die sieben Geister Gottes. 6. Und vor dem Stuhl war ein gläsernes Meer gleich dem Kristall, und mitten am Stuhl und um den Stuhl vier Tiere, voll Augen vorn und hinten. 7. Und das erste Tier war gleich einem Löwen, und das andere Tier war gleich einem Kalbe, und das dritte hatte ein Antlitz wie ein Mensch, und das vierte Tier war gleich einem fliegenden Adler. 8. Und ein jegliches der vier Tiere hatte sechs Flügel, und sie waren außenherum und inwendig voll Augen und hatten keine Ruhe Tag und Nacht und sprachen: Heilig, heilig, heilig ist Gott der Herr, der Allmächtige, der da war und der da ist und der da kommt! 9. Und da die Tiere gaben Preis und Ehre und Dank dem, der da auf dem Stuhl saß, der da lebt von Ewigkeit zu Ewigkeit, 10. fielen die vierundzwanzig Ältesten nieder vor dem, der auf dem Stuhl saß, und beteten an den, der da lebt von Ewigkeit zu Ewigkeit, und warfen ihre Kronen vor den Stuhl und sprachen: 11. Herr, du bist würdig, zu nehmen Preis und Ehre und Kraft; denn du hast alle Dinge geschaffen, und durch deinen Willen haben sie das Wesen und sind geschaffen.

Das 5. Kapitel

1. Und ich sah in der rechten Hand des, der auf dem Stuhl saß, ein Buch, beschrieben inwendig und auswendig, versiegelt mit sieben Siegeln. 2. Und ich sah einen starken Engel, der rief aus mit großer Stimme: Wer ist würdig, das Buch aufzutun und seine Siegel zu brechen? 3. Und niemand im Himmel noch auf

Erden noch unter der Erde konnte das Buch auftun und hineinsehen. 4. Und ich weinte sehr, dass niemand würdig erfunden ward, das Buch aufzutun und zu lesen noch hineinzusehen. 5. Und einer von den Ältesten spricht zu mir: Weine nicht! Siehe, es hat überwunden der Löwe, der da ist vom Geschlecht Juda, die Wurzel Davids, aufzutun das Buch und zu brechen seine sieben Siegel. 6. Und ich sah, und siehe, mitten zwischen dem Stuhl und den vier Tieren und zwischen den Ältesten stand ein Lamm, wie wenn es erwürgt wäre, und hatte sieben Hörner und sieben Augen, das sind die sieben Geister Gottes, gesandt in alle Lande. 7. Und es kam und nahm das Buch aus der rechten Hand des, der auf dem Stuhl saß. 8. Und da es das Buch nahm, da fielen die vier Tiere und die vierundzwanzig Ältesten nieder vor dem Lamm und hatten ein jeglicher Harfen und goldene Schalen voll Räuchwerk, das sind die Gebete der Heiligen, 9. und sangen ein neues Lied und sprachen: Du bist würdig, zu nehmen das Buch und aufzutun seine Siegel; denn du bist erwürgt und hast uns Gott erkauft mit deinem Blut aus allerlei Geschlecht und Zunge und Volk und Heiden 10. und hast uns unserm Gott zu Königen und Priestern gemacht, und wir werden Könige sein auf Erden. 11. Und ich sah und hörte eine Stimme vieler Engel um den Stuhl und um die Tiere und um die Ältesten her; und ihre Zahl war vieltausendmal tausend; 12. und sie sprachen mit großer Stimme: Das Lamm, das erwürget ist, ist würdig, zu nehmen Kraft und Reichtum und Weisheit und Stärke und Ehre und Preis und Lob. 13. Und alle Kreatur, die im Himmel ist und auf Erden und unter der Erde und im Meer, und alles, was darinnen ist, hörte ich sagen: Dem, der auf dem Stuhl sitzt, und dem Lamm sei Lob und Ehre und

Preis und Gewalt von Ewigkeit zu Ewigkeit! 14. Und die vier Tiere sprachen: Amen! Und die vierundzwanzig Ältesten fielen nieder und beteten an den, der da lebt von Ewigkeit zu Ewigkeit.

Das 6. Kapitel

1. Und ich sah, dass das Lamm der Siegel eines auftat; und ich hörte der vier Tiere eines sagen wie mit einer Donnerstimme: Komm! 2. Und ich sah, und siehe, ein weißes Pferd. Und der darauf saß, hatte einen Bogen; und ihm ward gegeben eine Krone, und er zog aus sieghaft, und dass er siegte. 3. Und da es das andere Siegel auftat, hörte ich das andere Tier sagen: Komm! 4. Und es ging heraus ein anderes Pferd, das war rot. Und dem, der darauf saß, ward gegeben, den Frieden zu nehmen von der Erde und dass sie sich untereinander erwürgten; und ihm ward ein großes Schwert gegeben. 5. Und da es das dritte Siegel auftat, hörte ich das dritte Tier sagen: Komm! Und ich sah, und siehe, ein schwarzes Pferd. Und der darauf saß, hatte eine Waage in seiner Hand. 6. Und ich hörte eine Stimme unter den vier Tieren sagen: Ein Maß Weizen um einen Groschen und drei Maß Gerste um einen Groschen; und dem Öl und Wein tu kein Leid! 7. Und da es das vierte Siegel auftat, hörte ich die Stimme des vierten Tiers sagen: Komm! 8. Und ich sah, und siehe, ein fahles Pferd. Und der darauf saß, des Name hieß Tod, und die Hölle folgte ihm nach. Und ihnen ward Macht gegeben, zu töten den vierten Teil auf der Erde mit dem Schwert und Hunger und mit dem Tod und durch die Tiere auf Erden. 9. Und da es das fünfte Siegel auftat, sah ich unter dem Altar die Seelen derer, die erwürgt waren um

des Wortes Gottes willen und um des Zeugnisses willen, das sie hatten. 10. Und sie schrien mit großer Stimme und sprachen: Herr, du Heiliger und Wahrhaftiger, wie lange richtest du nicht und rächest unser Blut an denen, die auf der Erde wohnen? 11. Und ihnen wurde gegeben einem jeglichen ein weißes Kleid, und ward zu ihnen gesagt, dass sie ruhten noch eine kleine Zeit, bis dass vollends dazukämen ihre Mitknechte und Brüder, die auch sollten noch getötet werden gleich wie sie. 12. Und ich sah, dass es das sechste Siegel auftat, und siehe, da ward ein großes Erdbeben, und die Sonne ward schwarz wie ein härener Sack, und der Mond ward wie Blut; 13. Und die Sterne des Himmels fielen auf die Erde, gleichwie ein Feigenbaum seine Feigen abwirft, wenn er von großem Wind bewegt wird. 14. Und der Himmel entwich wie ein zusammengerolltes Buch; und alle Berge und Inseln wurden bewegt aus ihren Örtern. 15. Und die Könige auf Erden und die Großen und die Reichen und die Hauptleute und die Gewaltigen und alle Knechte und alle Freien verbargen sich in den Klüften und Felsen an den Bergen 16. und sprachen zu den Bergen und Felsen: Fallet über uns und verberget uns vor dem Angesichte des, der auf dem Stuhl sitzt, und vor dem Zorn des Lammes! 17. Denn es ist gekommen der große Tag seines Zorns, und wer kann bestehen?

Das 7. Kapitel

1. Und darnach sah ich vier Engel stehen auf den vier Ecken der Erde, die hielten die vier Winde der Erde, auf dass kein Wind über die Erde bliese noch über das Meer noch über irgendeinen Baum. 2. Und ich

sah einen andern Engel aufsteigen von der Sonne Aufgang, der hatte das Siegel des lebendigen Gottes und schrie mit großer Stimme zu den vier Engeln, welchen gegeben war zu beschädigen die Erde und das Meer; 3. und er sprach: Beschädiget die Erde nicht noch das Meer noch die Bäume, bis dass wir versiegeln die Knechte unsers Gottes an ihren Stirnen! 4. Und ich hörte die Zahl derer, die versiegelt wurden: hundertundvierundvierzigtausend, die versiegelt waren von allen Geschlechtern der Kinder Israel: 5. von dem Geschlechte Juda zwölftausend versiegelt; von dem Geschlechte Ruben zwölftausend versiegelt; von dem Geschlechte Gad zwölftausend versiegelt; 6. von dem Geschlechte Asser zwölftausend versiegelt; von dem Geschlechte Naphthali zwölftausend versiegelt; von dem Geschlechte Manasse zwölftausend versiegelt; 7. von dem Geschlechte Simeon zwölftausend versiegelt; von dem Geschlechte Levi zwölftausend versiegelt; von dem Geschlechte Isaschar zwölftausend versiegelt; 8. von dem Geschlechte Sebulon zwölftausend versiegelt; von dem Geschlechte Joseph zwölftausend versiegelt; von dem Geschlechte Benjamin zwölftausend versiegelt. 9. Darnach sah ich, und siehe, eine große Schar, welche niemand zählen konnte, aus allen Heiden und Völkern und Sprachen, vor dem Stuhl stehend und vor dem Lamm, angetan mit weißen Kleidern und Palmen in ihren Händen, 10. schrien mit großer Stimme und sprachen: Heil sei dem, der auf dem Stuhl sitzt, unserm Gott, und dem Lamm! 11. Und alle Engel standen um den Stuhl und um die Ältesten und um die vier Tiere und fielen vor dem Stuhl auf ihr Angesicht und beteten Gott an 12. und sprachen: Amen, Lob und Ehre und Weisheit und Dank und Preis und Kraft und

Stärke sei unserm Gott von Ewigkeit zu Ewigkeit! Amen. 13. Und es antwortete der Ältesten einer und sprach zu mir: Wer sind diese, mit den weißen Kleidern angetan, und woher sind sie gekommen? 14. Und ich sprach zu ihm: Herr, du weißt es. Und er sprach zu mir: Diese sind's, die gekommen sind aus großer Trübsal und haben ihre Kleider gewaschen und haben ihre Kleider hell gemacht im Blut des Lammes. 15. Darum sind sie vor dem Stuhl Gottes und dienen ihm Tag und Nacht in seinem Tempel; und der auf dem Stuhl sitzt, wird über ihnen wohnen. 16. Sie wird nicht mehr hungern noch dürsten; es wird auch nicht auf sie fallen die Sonne oder irgendeine Hitze; 17. denn das Lamm mitten im Stuhl wird sie weiden und leiten zu den lebendigen Wasserbrunnen, und Gott wird abwischen alle Tränen von ihren Augen.

Das 8. Kapitel

1. Und da es das siebente Siegel auftat, ward eine Stille in dem Himmel bei einer halben Stunde. 2. Und ich sah die sieben Engel, die da stehen vor Gott, und ihnen wurden sieben Posaunen gegeben. 3. Und ein anderer Engel kam und trat an den Altar und hatte ein goldenes Räuchfass; und ihm ward viel Räuchwerk gegeben, dass er es gäbe zum Gebet aller Heiligen auf den goldenen Altar vor dem Stuhl. 4. Und der Rauch des Räuchwerks vom Gebet der Heiligen ging auf von der Hand des Engels vor Gott. 5. Und der Engel nahm das Räuchfass und füllte es mit Feuer vom Altar und schüttete es auf die Erde. Und da geschahen Stimmen und Donner und Blitze und Erdbeben. 6. Und die sieben Engel mit den sieben Po-

saunen hatten sich gerüstet, zu posaunen. 7. Und der erste Engel posaunte: und es ward ein Hagel und Feuer, mit Blut gemengt, und fiel auf die Erde; und der dritte Teil der Bäume verbrannte, und alles grüne Gras verbrannte. 8. Und der andere Engel posaunte: und es fuhr wie ein großer Berg mit Feuer brennend ins Meer; und der dritte Teil des Meeres ward Blut, 9. und der dritte Teil der liebendigen Kreaturen im Meer starben, und der dritte Teil der Schiffe wurden verderbt. 10. Und der dritte Engel posaunte: und es fiel ein großer Stern vom Himmel, der brannte wie eine Fackel und fiel auf den dritten Teil der Wasserströme und über die Wasserbrunnen. 11. Und der Name des Sterns heißt Wermut. Und der dritte Teil der Wasser ward Wermut; und viele Menschen starben von den Wassern, weil sie waren so bitter geworden. 12. Und der vierte Engel posaunte: und es ward geschlagen der dritte Teil der Sonne und der dritte Teil des Mondes und der dritte Teil der Sterne, dass ihr dritter Teil verfinstert ward und der Tag den dritten Teil nicht schien und die Nacht desgleichen. 13. Und ich sah und hörte einen Engel fliegen mitten durch den Himmel und sagen mit großer Stimme: Weh, weh, weh denen, die auf Erden wohnen, vor den andern Stimmen der Posaune der drei Engel, die noch posaunen sollen!

Das 9. Kapitel

1. Und der fünfte Engel posaunte: und ich sah einen Stern, gefallen vom Himmel auf die Erde; und ihm ward der Schlüssel zum Brunnen des Abgrunds gegeben. 2. Und er tat den Brunnen des Abgrunds auf; und es ging auf ein Rauch aus dem Brunnen wie ein

Rauch eines großen Ofens, und es ward verfinstert die Sonne und die Luft von dem Rauch des Brunnens. 3. Und aus dem Rauch kamen Heuschrecken auf die Erde; und ihnen ward Macht gegeben, wie die Skorpione auf Erden Macht haben. 4. Und es ward ihnen gesagt, dass sie nicht beschädigten das Gras auf Erden noch ein Grünes noch einen Baum, sondern allein die Menschen, die nicht haben das Siegel Gottes an ihren Stirnen. 5. Und es ward ihnen gegeben, dass sie sie nicht töteten, sondern sie quälten fünf Monate lang; und ihre Qual war wie eine Qual vom Skorpion, wenn er einen Menschen schlägt. 6. Und in den Tagen werden die Menschen den Tod suchen, und nicht finden; werden begehren zu sterben, und der Tod wird vor ihnen fliehen. 7. Und die Heuschrecken sind gleich den Rossen, die zum Kriege bereitet sind; und auf ihrem Haupt wie Kronen, dem Golde gleich, und ihr Antlitz gleich der Menschen Antlitz; 8. und hatten Haare wie Weiberhaare und ihre Zähne waren wie die der Löwen; 9. und hatten Panzer wie eiserne Panzer, und das Rasseln ihrer Flügel wie das Rasseln an den Wagen vieler Rosse, die in den Krieg laufen; 10. und hatten Schwänze gleich den Skorpionen, und es waren Stacheln an ihren Schwänzen; und ihre Macht war, zu beschädigen die Menschen fünf Monate lang. 11. Und hatten über sich einen König, den Engel des Abgrunds, des Name heißt auf Hebräisch Abaddon, und auf Griechisch hat er den Namen Apollyon. 12. Ein Wehe ist dahin; siehe, es kommen noch zwei Wehe nach dem. 13. Und der sechste Engel posaunte: und ich hörte eine Stimme aus den vier Ecken des goldenen Altars vor Gott, 14. die sprach zu dem sechsten Engel, der die Posaune hatte: Löse die vier Engel, die gebunden sind an dem großen Wasserstrom Euphrat. 15. Und es wurden die vier Engel los, die bereit waren auf die Stunde und auf den Tag und auf den Monat und auf das Jahr, dass sie töteten den dritten Teil der Menschen. 16. Und die Zahl des reisigen Volkes war vieltausendmal tausend; und ich hörte ihre Zahl. 17. Und also sah ich die Rosse im Gesicht und die darauf saßen, dass sie hatten feurige und bläuliche und schwefelige Panzer; und die Häupter der Rosse waren wie die Häupter der Löwen, und aus ihrem Munde ging Feuer und Rauch und Schwefel. 18. Von diesen drei Plagen ward getötet der dritte Teil der Menschen, von dem Feuer und Rauch und Schwefel, der aus ihrem Munde ging. 19. Denn ihre Macht war in ihrem Munde; und ihre Schwänze waren den Schlangen gleich und hatten Häupter, und mit denselben taten sie Schaden. 20. Und die übrigen Leute, die nicht getötet wurden von diesen Plagen, taten nicht Buße für die Werke ihrer Hände, dass sie nicht anbeteten die Teufel und goldenen, silbernen, ehernen, steinernen und hölzernen Götzen, welche weder sehen noch hören noch wandeln können; 21. und taten auch nicht Buße für ihre Morde, Zauberei, Hurerei und Dieberei.

Das 10. Kapitel

1. Und ich sah einen andern starken Engel vom Himmel herabkommen; der war mit einer Wolke bekleidet, und ein Regenbogen auf seinem Haupt und sein Antlitz wie die Sonne und seine Füße wie Feuersäulen, 2. und er hatte in seiner Hand ein Büchlein aufgetan. Und er setzte seinen rechten Fuß auf das Meer und den linken auf die Erde; 3. und er schrie mit großer Stimme, wie ein Löwe brüllt. Und da er

schrie, redeten sieben Donner ihre Stimmen. 4. Und da die sieben Donner ihre Stimmen geredet hatten, wollte ich sie schreiben. Da hörte ich eine Stimme vom Himmel sagen zu mir: Versiegle, was die sieben Donner geredet haben; schreibe es nicht! 5. Und der Engel, den ich sah stehen auf dem Meer und auf der Erde, hob seine Hand auf gen Himmel 6. und schwur bei dem Lebendigen von Ewigkeit zu Ewigkeit, der den Himmel geschaffen hat und was darin ist, und die Erde und was darin ist, und das Meer und was darin ist, dass hinfort keine Zeit mehr sein soll; 7. sondern in den Tagen der Stimme des siebenten Engels, wenn er posaunen wird, soll vollendet werden das Geheimnis Gottes, wie er hat verkündigt seinen Knechten, den Propheten. 8. Und ich hörte eine Stimme vom Himmel abermals mit mir reden und sagen: Gehe hin, nimm das offene Büchlein von der Hand des Engels, der auf dem Meer und auf der Erde steht! 9. Und ich ging hin zum Engel und sprach zu ihm: Gib mir das Büchlein! Und er sprach zu mir: Nimm hin und verschling es! und es wird dich im Bauch grimmen; aber in deinem Munde wird's süß sein wie Honig. 10. Und ich nahm das Büchlein von der Hand des Engels und verschlang es, und es war süß in meinem Munde wie Honig; und da ich's gegessen hatte, grimmte mich's im Bauch. 11. Und er sprach zu mir: Du musst abermals weissagen von Völkern und Heiden und Sprachen und vielen Königen.

Das 11. Kapitel

1. Und es ward mir ein Rohr gegeben, einem Stecken gleich, und er sprach: Stehe auf und miss den Tempel Gottes und den Altar und die darin anbeten.

2. Aber den Vorhof außerhalb des Tempels wirf hinaus und miss ihn nicht; denn er ist den Heiden gegeben, und die heilige Stadt werden sie zertreten zweiundvierzig Monate. 3. Und ich will meinen zwei Zeugen geben, dass sie sollen weissagen tausendzweihundertundsechzig Tage, angetan mit Säcken. 4. Diese sind die zwei Ölbäume und zwei Fackeln, stehend vor dem Herrn der Erde. 5. Und so jemand sie will schädigen, so geht Feuer aus ihrem Munde und verzehrt ihre Feinde; und so jemand sie will schädigen, der muss also getötet werden. 6. Diese haben Macht, den Himmel zu verschließen, dass es nicht regne in den Tagen ihrer Weissagung, und haben Macht über das Wasser, es zu wandeln in Blut, und zu schlagen die Erde mit allerlei Plage, sooft sie wollen. 7. Und wenn sie ihr Zeugnis geendet haben, so wird das Tier, das aus dem Abgrund aufsteigt, mit ihnen einen Streit halten und wird sie überwinden und wird sie töten. 8. Und ihre Leichname werden liegen auf der Gasse der großen Stadt, die da heißt geistlich »Sodom und Ägypten«, da auch ihr Herr gekreuzigt ist. 9. Und es werden etliche von den Völkern und Geschlechtern und Sprachen ihre Leichname sehen drei Tage und einen halben und werden ihre Leichname nicht lassen in Gräber legen. 10. Und die auf Erden wohnen, werden sich freuen über sie und wohl leben und Geschenke untereinander senden; denn diese zwei Propheten quälten, die auf Erden wohnten. 11. Und nach drei Tagen und einem halben fuhr in sie der Geist des Lebens von Gott, und sie traten auf ihre Füße; und eine große Furcht fiel über die, so sie sahen. 12. Und sie hörten eine große Stimme vom Himmel zu ihnen sagen: Steiget herauf! Und sie stiegen auf in den Himmel in einer Wolke, und es sahen sie ihre Feinde. 13. Und zu derselben Stunde ward ein

großes Erdbeben, und der zehnte Teil der Stadt fiel; und wurden getötet in dem Erdbeben siebentausend Namen der Menschen, und die andern erschraken und gaben Ehre dem Gott des Himmels. 14. Das andere Wehe ist dahin; siehe, das dritte Wehe kommt schnell. 15. Und der siebente Engel posaunte: und es wurden große Stimmen im Himmel, die sprachen: Es sind die Reiche der Welt unsers Herrn und seines Christus geworden, und er wird regieren von Ewigkeit zu Ewigkeit. 16. Und die vierundzwanzig Ältesten, die vor Gott auf ihren Stühlen saßen, fielen auf ihr Angesicht und beteten Gott an 17. und sprachen: Wir danken dir, Herr, allmächtiger Gott, der du bist und warest, dass du hast angenommen deine große Kraft und herrschest; 18. und die Heiden sind zornig geworden, und es ist gekommen dein Zorn und die Zeit der Toten, zu richten und zu geben den Lohn deinen Knechten, den Propheten, und den Heiligen und denen, die deinen Namen fürchten, den Kleinen und Großen, und zu verderben, die die Erde verderbt haben. 19. Und der Tempel Gottes ward aufgetan im Himmel, und die Lade seines Bundes ward in seinem Tempel gesehen; und es geschahen Blitze und Stimmen und Donner und Erdbeben und ein großer Hagel.

Das 12. Kapitel

1. Und es erschien ein großes Zeichen im Himmel: ein Weib, mit der Sonne bekleidet, und der Mond unter ihren Füßen und auf ihrem Haupt eine Krone von zwölf Sternen. 2. Und sie war schwanger und schrie in Kindesnöten und hatte große Qual zur Geburt. 3. Und es erschien ein anderes Zeichen im Himmel, und siehe, ein großer, roter Drache, der hatte sieben

Häupter und zehn Hörner und auf seinen Häuptern sieben Kronen; 4. und sein Schwanz zog den dritten Teil der Sterne des Himmels hinweg und warf sie auf die Erde. Und der Drache trat vor das Weib, die gebären sollte, auf dass, wenn sie geboren hätte, er ihr Kind fräße. 5. Und sie gebar einen Sohn, ein Knäblein, der alle Heiden sollte weiden mit eisernem Stabe. Und ihr Kind ward entrückt zu Gott und seinem Stuhl. 6. Und das Weib entfloh in die Wüste, wo sie einen Ort hat, bereitet von Gott, dass sie daselbst ernährt würde tausendzweihundertundsechzig Tage. 7. Und es erhob sich ein Streit im Himmel: Michael und seine Engel stritten mit dem Drachen; und der Drache stritt und seine Engel, 8. und siegten nicht, auch ward ihre Stätte nicht mehr gefunden im Himmel. 9. Und es ward ausgeworfen der große Drache, die alte Schlange, die da heißt der Teufel und Satanas, der die ganze Welt verführt, und ward geworfen auf die Erde, und seine Engel wurden auch dahin geworfen. 10. Und ich hörte eine große Stimme, die sprach im Himmel: Nun ist das Heil und die Kraft und das Reich unsers Gottes geworden und die Macht seines Christus, weil der Verkläger unserer Brüder verworfen ist, der sie verklagte Tag und Nacht vor Gott. 11. Und sie haben ihn überwunden durch des Lammes Blut und durch das Wort ihres Zeugnisses und haben ihr Leben nicht geliebt bis an den Tod. 12. Darum freuet euch, ihr Himmel und die darin wohnen! Weh denen, die auf Erden wohnen und auf dem Meer! denn der Teufel kommt zu euch hinab und hat einen großen Zorn und weiß, dass er wenig Zeit hat. 13. Und da der Drache sah, dass er verworfen war auf die Erde, verfolgte er das Weib, die das Knäblein geboren hatte. 14. Und es wurden dem Weibe zwei Flügel gegeben wie eines großen Adlers, dass sie in die Wüste flöge an ihren Ort, da sie ernährt würde eine Zeit und zwei Zeiten und eine halbe Zeit vor dem Angesicht der Schlange. 15. Und die Schlange schoss nach dem Weibe aus ihrem Munde ein Wasser wie einen Strom, dass er sie ersäufte. 16. Aber die Erde half dem Weibe und tat ihren Mund auf und verschlang den Strom, den der Drache aus seinem Munde schoss. 17. Und der Drache ward zornig über das Weib und ging hin, zu streiten mit den übrigen von ihrem Samen, die da Gottes Gebote halten und haben das Zeugnis Jesu Christi.

Das 13. Kapitel

1. Und ich trat an den Sand des Meers und sah ein Tier aus dem Meer steigen, das hatte sieben Häupter und zehn Hörner und auf seinen Hörnern zehn Kronen und auf seinen Häuptern Namen der Lästerung. 2. Und das Tier, das ich sah, war gleich einem Parder und seine Füße wie Bärenfüße und sein Mund wie eines Löwen Mund. Und der Drache gab ihm seine Kraft und seinen Stuhl und große Macht. 3. Und ich sah seiner Häupter eines, als wäre es tödlich wund; und seine tödliche Wunde ward heil. Und der ganze Erdboden verwunderte sich des Tieres, 4. und sie beteten den Drachen an, der dem Tier die Macht gab, und beteten das Tier an und sprachen: Wer ist dem Tier gleich, und wer kann mit ihm kriegen? 5. Und es ward ihm gegeben ein Mund, zu reden große Dinge und Lästerungen, und ward ihm gegeben, dass es mit ihm währte zweiundvierzig Monate lang. 6. Und es tat seinen Mund auf zur Lästerung gegen Gott, zu lästern seinen Namen und seine Hütte und die im Himmel wohnen. 7. Und ihm ward gegeben,

zu streiten mit den Heiligen und sie zu überwinden; und ihm ward gegeben Macht über alle Geschlechter und Sprachen und Heiden. 8. Und alle, die auf Erden wohnen, beten es an, deren Namen nicht geschrieben sind in dem Lebensbuch des Lammes, das erwürgt ist, von Anfang der Welt. 9. Hat jemand Ohren, der höre! 10. So jemand in das Gefängnis führt, der wird in das Gefängnis gehen; so jemand mit dem Schwert tötet, der muss mit dem Schwert getötet werden. Hier ist Geduld und Glaube der Heiligen. 11. Und ich sah ein anderes Tier aufsteigen aus der Erde; das hatte zwei Hörner gleichwie ein Lamm und redete wie ein Drache. 12. Und es übt alle Macht des ersten Tiers vor ihm; und es macht, dass die Erde und die darauf wohnen, anbeten das erste Tier, dessen tödliche Wunde heil geworden war; 13. und tut große Zeichen, dass es auch macht Feuer vom Himmel fallen vor den Menschen; 14. und verführt, die auf Erden wohnen, um der Zeichen willen, die ihm gegeben sind zu tun vor dem Tier; und sagt denen, die auf Erden wohnen, dass sie ein Bild machen sollen dem Tier, das die Wunde vom Schwert hatte und lebendig geworden war. 15. Und es ward ihm gegeben, dass es dem Bilde des Tiers den Geist gab, dass des Tiers Bild redete und machte, dass alle, welche nicht des Tiers Bild anbeteten, getötet würden. 16. Und es macht, dass die Kleinen und Großen, die Reichen und Armen, die Freien und Knechte – allesamt sich ein Malzeichen geben an ihre rechte Hand oder an ihre Stirn, 17. dass niemand kaufen oder verkaufen kann, er habe denn das Malzeichen, nämlich den Namen des Tiers oder die Zahl seines Namens. 18. Hier ist Weisheit! Wer Verstand hat, der überlege die Zahl des Tiers; denn es ist eines Menschen Zahl, und seine Zahl ist sechshundertundsechsundsechzig.

Das 14. Kapitel

1. Und ich sah das Lamm stehen auf dem Berg Zion und mit ihm hundertundvierundvierzigtausend, die hatten seinen Namen und den Namen seines Vaters geschrieben an ihrer Stirn. 2. Und ich hörte eine Stimme vom Himmel wie eines großen Wassers und wie eine Stimme eines großen Donners; und die Stimme, die ich hörte, war wie von Harfenspielern, die auf ihren Harfen spielen. 3. Und sie sangen wie ein neues Lied vor dem Stuhl und vor den vier Tieren und den Ältesten; und niemand konnte das Lied lernen denn die hundertundvierundvierzigtausend, die erkauft sind von der Erde. 4. Diese sind's, die mit Weibern nicht befleckt sind – denn sie sind Jungfrauen – und folgen dem Lamme nach, wo es hingeht. Diese sind erkauft aus den Menschen zu Erstlingen Gott und dem Lamm; 5. und in ihrem Munde ist kein Falsch gefunden; denn sie sind unsträflich vor dem Stuhl Gottes. 6. Und ich sah einen Engel fliegen mitten durch den Himmel, der hatte ein ewiges Evangelium zu verkündigen denen, die auf Erden wohnen, und allen Heiden und Geschlechtern und Sprachen und Völkern, 7. und sprach mit großer Stimme: Fürchtet Gott und gebet ihm die Ehre; denn die Zeit seines Gerichts ist gekommen! Und betet an den, der gemacht hat Himmel und Erde und Meer und die Wasserbrunnen. 8. Und ein anderer Engel folgte nach, der sprach: Sie ist gefallen, sie ist gefallen, Babylon, die große Stadt; denn sie hat mit dem Wein ihrer Hurerei getränkt alle Heiden. 9. Und der dritte Engel folgte diesem nach und sprach mit großer Stimme: So jemand das Tier anbetet und sein Bild und nimmt das Malzeichen an seine Stirn oder an seine Hand, 10. der wird von dem Wein des Zorns

Gottes trinken, der lauter eingeschenkt ist in seines Zornes Kelch, und wird gequält werden mit Feuer und Schwefel vor den heiligen Engeln und vor dem Lamm; 11. und der Rauch ihrer Qual wird aufsteigen von Ewigkeit zu Ewigkeit; und sie haben keine Ruhe Tag und Nacht, die das Tier haben angebetet und sein Bild, und so jemand hat das Malzeichen seines Namens angenommen. 12. Hier ist Geduld der Heiligen; hier sind, die da halten die Gebote Gottes und den Glauben an Jesum. 13. Und ich hörte eine Stimme vom Himmel zu mir sagen: Schreibe: Selig sind die Toten, die in dem Herrn sterben von nun an. Ja, der Geist spricht, dass sie ruhen von ihrer Arbeit; denn ihre Werke folgen ihnen nach. 14. Und ich sah, und siehe, eine weiße Wolke. Und auf der Wolke saß einer, der gleich war eines Menschen Sohn; der hatte eine goldene Krone auf seinem Haupt und in seiner Hand eine scharfe Sichel. 15. Und ein anderer Engel ging aus dem Tempel und schrie mit großer Stimme zu dem, der auf der Wolke saß: Schlag an mit deiner Sichel und ernte; denn die Zeit zu ernten ist gekommen, denn die Ernte der Erde ist dürr geworden! 16. Und der auf der Wolke saß, schlug an mit seiner Sichel an die Erde, und die Erde ward geerntet. 17. Und ein anderer Engel ging aus dem Tempel im Himmel, der hatte eine scharfe Hippe [Rebmesser]. 18. Und ein anderer Engel ging aus vom Altar, der hatte Macht über das Feuer und rief mit großem Geschrei zu dem, der die scharfe Hippe hatte, und sprach: Schlag an mit deiner scharfen Hippe und schneide die Trauben am Weinstock der Erde; denn seine Beeren sind reif! 19. Und der Engel schlug an mit seiner Hippe an die Erde und schnitt die Trauben der Erde und warf sie in die große Kelter des Zorns Gottes. 20. Und die Kelter ward draußen vor der Stadt getreten; und das Blut ging von der Kelter bis an die Zäume der Pferde durch tausendsechshundert Feld Wegs.

Das 15. Kapitel

1. Und ich sah ein anderes Zeichen im Himmel, das war groß und wundersam: sieben Engel, die hatten die letzten sieben Plagen; denn mit denselben ist vollendet der Zorn Gottes. 2. Und ich sah wie ein gläsernes Meer, mit Feuer gemengt; und die den Sieg behalten hatten an dem Tier und seinem Bilde und seinem Malzeichen und seines Namens Zahl, standen an dem gläsernen Meer und hatten Harfen Gottes 3. und sangen das Lied Moses, des Knechtes Gottes, und das Lied des Lammes und sprachen: Groß und wundersam sind deine Werke, Herr, allmächtiger Gott! Gerecht und wahrhaftig sind deine Wege, du König der Heiden! 4. Wer sollte dich nicht fürchten, Herr, und deinen Namen preisen? Denn du bist allein heilig. Denn alle Heiden werden kommen und anbeten vor dir; denn deine Urteile sind offenbar geworden. 5. Darnach sah ich, und siehe, da ward aufgetan der Tempel der Hütte des Zeugnisses im Himmel; 6. und gingen aus dem Tempel die sieben Engel, die die sieben Plagen hatten, angetan mit reiner, heller Leinwand und umgürtet an ihren Brüsten mit goldenen Gürteln. 7. Und eines der vier Tiere gab den sieben Engeln sieben goldene Schalen voll Zorns Gottes, der da lebt von Ewigkeit zu Ewigkeit. 8. Und der Tempel ward voll Rauch von der Herrlichkeit Gottes und von seiner Kraft; und niemand konnte in den Tempel gehen, bis dass die sieben Plagen der sieben Engel vollendet wurden.

Das 16. Kapitel

1. Und ich hörte eine große Stimme aus dem Tempel, die sprach zu den sieben Engeln: Gehet hin und gießet aus die Schalen des Zorns Gottes auf die Erde! 2. Und der erste ging hin und goss seine Schale aus auf die Erde; und es ward eine böse und arge Drüse an den Menschen, die das Malzeichen des Tiers hatten und die sein Bild anbeteten. 3. Und der andere Engel goss aus seine Schale ins Meer; und es ward Blut wie eines Toten, und alle lebendigen Seelen starben in dem Meer. 4. Und der dritte Engel goss aus seine Schale in die Wasserströme und in die Wasserbrunnen; und es ward Blut. 5. Und ich hörte den Engel der Wasser sagen: Herr, du bist gerecht, der da ist und der da war, und heilig, dass du solches geurteilt hast, 6. denn sie haben das Blut der Heiligen und der Propheten vergossen, und Blut hast du ihnen zu trinken gegeben; denn sie sind's wert. 7. Und ich hörte einen andern Engel aus dem Altar sagen: Ja, Herr, allmächtiger Gott, deine Gerichte sind wahrhaftig und gerecht. 8. Und der vierte Engel goss aus seine Schale in die Sonne, und ihm ward gegeben, den Menschen heiß zu machen mit Feuer: 9. Und den Menschen ward heiß vor großer Hitze, und sie lästerten den Namen Gottes, der Macht hat über diese Plagen, und taten nicht Buße, ihm die Ehre zu geben. 10. Und der fünfte Engel goss aus seine Schale auf den Stuhl des Tiers; und sein Reich ward verfinstert, und sie zerbissen ihre Zungen vor Schmerzen 11. und lästerten Gott im Himmel vor ihren Schmerzen und vor ihren Drüsen und taten nicht Buße für ihre Werke. 12. Und der sechste Engel goss aus seine Schale auf den großen Wasserstrom Euphrat; und das Wasser vertrocknete, auf dass bereitet würde der

Weg den Königen vom Aufgang der Sonne. 13. Und ich sah aus dem Munde des Drachen und aus dem Munde des Tiers und aus dem Munde des falschen Propheten drei unreine Geister gehen, gleich den Fröschen; 14. denn es sind Geister der Teufel, die tun Zeichen und gehen aus zu den Königen auf dem ganzen Kreis der Welt, sie zu versammeln in den Streit auf jenen großen Tag Gottes, des Allmächtigen. 15. Siehe, ich komme wie ein Dieb. Selig ist, der da wacht und hält seine Kleider, dass er nicht bloß wandle und man nicht seine Schande sehe. 16. Und er hat sie versammelt an einen Ort, der da heißt auf Hebräisch Harmagedon. 17. Und der siebente Engel goss aus seine Schale in die Luft; und es ging aus eine Stimme vom Himmel aus dem Stuhl, die sprach: Es ist geschehen. 18. Und es wurden Stimmen und Donner und Blitze; und ward ein großes Erdbeben, wie solches nicht gewesen ist, seit Menschen auf Erden gewesen sind, solch Erdbeben also groß. 19. Und aus der großen Stadt wurden drei Teile, und die Städte der Heiden fielen. Und Babylon, der großen, ward gedacht vor Gott, ihr zu geben den Kelch des Weins von seinem grimmigen Zorn. 20. Und alle Inseln entflohen, und keine Berge wurden gefunden. 21. Und ein großer Hagel, wie ein Zentner, fiel vom Himmel auf die Menschen; und die Menschen lästerten Gott über die Plage des Hagels, denn seine Plage ist sehr groß.

Das 17. Kapitel

1. Und es kam einer von den sieben Engeln, die die sieben Schalen hatten, redete mit mir und sprach zu mir: Komm, ich will dir zeigen das Urteil der großen Hure, die da an vielen Wassern sitzt; 2. mit welcher

Die Offenbarung des Johannes 17.3–17.12

gehurt haben die Könige auf Erden; und die da wohnen auf Erden, sind trunken geworden von dem Wein ihrer Hurerei. 3. Und er brachte mich im Geist in die Wüste. Und ich sah ein Weib sitzen auf einem scharlachfarbnen Tier, das war voll Namen der Lästerung und hatte sieben Häupter und zehn Hörner. 4. Und das Weib war bekleidet mit Purpur und Scharlach und übergoldet mit Gold und edlen Steinen und Perlen und hatte einen goldenen Becher in der Hand, voll Gräuel und Unsauberkeit ihrer Hurerei, 5. und an ihrer Stirn geschrieben einen Namen, ein Geheimnis: Die große Babylon, die Mutter der Hurerei und aller Gräuel auf Erden. 6. Und ich sah das Weib trunken von dem Blut der Heiligen und von dem Blut der Zeugen Jesu. Und ich verwunderte mich sehr, da ich sie sah. 7. Und der Engel spricht zu mir: Warum verwunderst du dich? Ich will dir sagen das Geheimnis von dem Weibe und von dem Tier, das sie trägt und hat sieben Häupter und zehn Hörner. 8. Das Tier, das du gesehen hast, ist gewesen und ist nicht und wird wiederkommen aus dem Abgrund und wird fahren in die Verdammnis, und es werden sich verwundern, die auf Erden wohnen, deren Namen nicht geschrieben stehen in dem Buch des Lebens von Anfang der Welt, wenn sie sehen das Tier, dass es gewesen ist und nicht ist und dasein wird. 9. Hier ist der Sinn, zu dem Weisheit gehört! Die sieben Häupter sind sieben Berge, auf welchen das Weib sitzt, und sind sieben Könige. 10. Fünf sind gefallen, und einer ist, und der andere ist noch nicht gekommen; und wenn er kommt, muss er eine kleine Zeit bleiben. 11. Und das Tier, das gewesen ist und nicht ist, das ist der achte und ist von den sieben und fährt in die Verdammnis. 12. Und die zehn Hörner, die du gesehen hast, das sind zehn Könige, die das

Reich noch nicht empfangen haben; aber wie Könige werden sie eine Zeit Macht empfangen mit dem Tier. 13. Die haben eine Meinung und werden ihre Kraft und Macht geben dem Tier. 14. Diese werden streiten mit dem Lamm, und das Lamm wird sie überwinden (denn es ist der Herr aller Herren und der König aller Könige) und mit ihm die Berufenen und Auserwählten und Gläubigen. 15. Und er sprach zu mir: Die Wasser, die du gesehen hast, da die Hure sitzt, sind Völker und Scharen und Heiden und Sprachen. 16. Und die zehn Hörner, die du gesehen hast, und das Tier, die werden die Hure hassen und werden sie einsam machen und bloß und werden ihr Fleisch essen und werden sie mit Feuer verbrennen. 17. Denn Gott hat's ihnen gegeben in ihr Herz, zu tun seine Meinung und zu tun einerlei Meinung und zu geben ihr Reich dem Tier, bis dass vollendet werden die Worte Gottes. 18. Und das Weib, das du gesehen hast, ist die große Stadt, die das Reich hat über die Könige auf Erden.

Das 18. Kapitel

1. Und darnach sah ich einen andern Engel niederfahren vom Himmel, der hatte eine große Macht, und die Erde ward erleuchtet von seiner Klarheit. 2. Und er schrie aus Macht mit großer Stimme und sprach: Sie ist gefallen, sie ist gefallen, Babylon, die große, und eine Behausung der Teufel geworden und ein Behältnis aller unreinen Geister und ein Behältnis aller unreinen und verhassten Vögel. 3. Denn von dem Wein des Zorns ihrer Hurerei haben alle Heiden getrunken, und die Könige auf Erden haben mit ihr Hurerei getrieben, und die Kaufleute auf Erden sind

reich geworden von ihrer großen Wollust. 4. Und ich hörte eine andere Stimme vom Himmel, die sprach: Gehet aus von ihr, mein Volk, dass ihr nicht teilhaftig werdet ihrer Sünden, auf dass ihr nicht empfanget etwas von ihren Plagen! 5. Denn ihre Sünden reichen bis in den Himmel, und Gott denkt an ihren Frevel. 6. Bezahlet sie, wie sie bezahlt hat, und macht's ihr zwiefältig nach ihren Werken; und in welchem Kelch sie eingeschenkt hat, schenket ihr zwiefältig ein. 7. Wie viel sie sich herrlich gemacht und ihren Mutwillen gehabt hat, so viel schenket ihr Qual und Leid ein! Denn sie spricht in ihrem Herzen: Ich sitze als Königin und bin keine Witwe, und Leid werde ich nicht sehen. 8. Darum werden ihre Plagen auf einen Tag kommen: Tod, Leid und Hunger; mit Feuer wird sie verbrannt werden; denn stark ist Gott der Herr, der sie richten wird. 9. Und es werden sie beweinen und sie beklagen die Könige auf Erden, die mit ihr gehurt und Mutwillen getrieben haben, wenn sie sehen werden den Rauch von ihrem Brand; 10. und werden von ferne stehen vor Furcht ihrer Qual und sprechen: Weh, weh, die große Stadt Babylon, die starke Stadt! In einer Stunde ist dein Gericht gekommen. 11. Und die Kaufleute auf Erden werden weinen und Leid tragen über sie, weil ihre Ware niemand mehr kaufen wird, 12. die Ware des Goldes und Silbers und Edelgesteins und die Perlen und köstliche Leinwand und Purpur und Seide und Scharlach und allerlei wohlriechendes Holz und allerlei Gefäß von Elfenbein und allerlei Gefäß von köstlichem Holz und von Erz und von Eisen und von Marmor, 13. und Zimt und Räuchwerk und Salbe und Weihrauch und Wein und Öl und Semmelmehl und Weizen und Vieh und Schafe und Pferde und Wagen und Leiber und – Seelen der Menschen.

14. Und das Obst, daran deine Seele Lust hatte, ist von dir gewichen, und alles, was völlig und herrlich war, ist von dir gewichen, und du wirst solches nicht mehr finden. 15. Die Händler solcher Ware, die von ihr sind reich geworden, werden von ferne stehen vor Furcht ihrer Qual, weinen und klagen 16. und sagen: Weh, weh, die große Stadt, die bekleidet war mit köstlicher Leinwand und Purpur und Scharlach und übergoldet war mit Gold und Edelgestein und Perlen! 17. denn in einer Stunde ist verwüstet solcher Reichtum. Und alle Schiffsherren und der Haufe derer, die auf den Schiffen hantieren, und Schiffsleute, die auf dem Meer hantieren, standen von ferne 18. und schrien, da sie den Rauch von ihrem Brande sahen, und sprachen: Wer ist gleich der großen Stadt? 19. Und sie warfen Staub auf ihre Häupter und schrien, weinten und klagten und sprachen: Weh, weh, die große Stadt, in welcher reich geworden sind alle, die da Schiffe im Meer hatten, von ihrer Ware! denn in einer Stunde ist sie verwüstet. 20. Freue dich über sie, Himmel und ihr Heiligen und Apostel und Propheten; denn Gott hat euer Urteil an ihr gerichtet! 21. Und ein starker Engel hob einen großen Stein auf wie einen Mühlstein, warf ihn ins Meer und sprach: Also wird mit einem Sturm verworfen die große Stadt Babylon und nicht mehr gefunden werden. 22. Und die Stimme der Sänger und Saitenspieler, Pfeifer und Posauner soll nicht mehr in dir gehört werden, und kein Handwerksmann irgendeines Handwerks soll mehr in dir gefunden werden, und die Stimme der Mühle soll nicht mehr in dir gehört werden, 23. und das Licht der Leuchte soll nicht mehr in dir leuchten, und die Stimme des Bräutigams und der Braut soll nicht mehr in dir gehört werden! Denn deine Kaufleute waren Fürsten auf Erden; denn

durch deine Zauberei sind verführt worden alle Heiden. 24. Und das Blut der Propheten und der Heiligen ist in ihr gefunden worden und aller derer, die auf Erden erwürgt sind.

Das 19. Kapitel

1. Darnach hörte ich eine Stimme großer Scharen im Himmel, die sprachen: Halleluja! Heil und Preis, Ehre und Kraft sei Gott, unserm Herrn! 2. Denn wahrhaftig und gerecht sind seine Gerichte, dass er die große Hure verurteilt hat, welche die Erde mit ihrer Hurerei verderbte, und hat das Blut seiner Knechte von ihrer Hand gefordert. 3. Und sie sprachen zum andern Mal: Halleluja! und der Rauch geht auf ewiglich. 4. Und die vierundzwanzig Ältesten und die vier Tiere fielen nieder und beteten an Gott, der auf dem Stuhl saß, und sprachen: Amen, halleluja! 5. Und eine Stimme ging aus von dem Stuhl: Lobet unsern Gott, alle seine Knechte und die ihn fürchten, beide, klein und groß! 6. Und ich hörte eine Stimme einer großen Schar und wie eine Stimme großer Wasser und wie eine Stimme starker Donner, die sprachen: Halleluja! denn der allmächtige Gott hat das Reich eingenommen. 7. Lasset uns freuen und fröhlich sein und ihm die Ehre geben! denn die Hochzeit des Lammes ist gekommen, und sein Weib hat sich bereitet. 8. Und es ward ihr gegeben, sich anzutun mit reiner und schöner Leinwand. (Die köstliche Leinwand aber ist die Gerechtigkeit der Heiligen.) 9. Und er sprach zu mir: Schreibe: Selig sind, die zum Abendmahl des Lammes berufen sind. Und er sprach zu mir: Dies sind wahrhaftige Worte Gottes. 10. Und ich fiel vor ihn zu seinen Füßen, ihn

anzubeten. Und er sprach zu mir: Siehe zu, tu es nicht! Ich bin dein Mitknecht und deiner Brüder, die das Zeugnis Jesu haben. Bete Gott an! (Das Zeugnis aber Jesu ist der Geist der Weissagung.) 11. Und ich sah den Himmel aufgetan; und siehe, ein weißes Pferd. Und der darauf saß, hieß Treu und Wahrhaftig, und er richtet und streitet mit Gerechtigkeit. 12. Seine Augen sind wie eine Feuerflamme, und auf seinem Haupt viele Kronen; und er hatte einen Namen geschrieben, den niemand wusste denn er selbst. 13. Und er war angetan mit einem Kleide, das mit Blut besprengt war; und sein Name heißt »das Wort Gottes«. 14. Und ihm folgte nach das Heer im Himmel auf weißen Pferden, angetan mit weißer und reiner Leinwand. 15. Und aus seinem Munde ging ein scharfes Schwert, dass er damit die Heiden schlüge; und er wird sie regieren mit eisernem Stabe; und er tritt die Kelter des Weins des grimmigen Zorns Gottes, des Allmächtigen. 16. Und er hat einen Namen geschrieben auf seinem Kleid und auf seiner Hüfte also: Ein König aller Könige und ein Herr aller Herren. 17. Und ich sah einen Engel in der Sonne stehen; und er schrie mit großer Stimme und sprach zu allen Vögeln, die unter dem Himmel fliegen: Kommt und versammelt euch zu dem Abendmahl des großen Gottes, 18. dass ihr esset das Fleisch der Könige und der Hauptleute und das Fleisch der Starken und der Pferde und derer, die darauf sitzen, und das Fleisch aller Freien und Knechte, der Kleinen und der Großen! 19. Und ich sah das Tier und die Könige auf Erden und ihre Heere versammelt, Streit zu halten mit dem, der auf dem Pferde saß, und mit seinem Heer. 20. Und das Tier ward gegriffen und mit ihm der falsche Prophet, der die Zeichen tat vor ihm, durch welche er verführte, die das Malzeichen des

Tiers nahmen und die das Bild des Tiers anbeteten; lebendig wurden diese beiden in den feurigen Pfuhl geworfen, der mit Schwefel brannte. 21. Und die andern wurden erwürgt mit dem Schwert des, der auf dem Pferde saß, das aus seinem Munde ging; und alle Vögel wurden satt von ihrem Fleisch.

Das 20. Kapitel

1. Und ich sah einen Engel vom Himmel fahren, der hatte den Schlüssel zum Abgrund und eine große Kette in seiner Hand. 2. Und er griff den Drachen, die alte Schlange, welche ist der Teufel und Satan, und band ihn tausend Jahre 3. und warf ihn in den Abgrund und verschloss ihn und versiegelte obendarauf, dass er nicht mehr verführen sollte die Heiden, bis dass vollendet würden tausend Jahre; und darnach muss er losgewerden eine kleine Zeit. 4. Und ich sah Stühle, und sie setzten sich darauf, und ihnen ward gegeben das Gericht; und die Seelen derer, die enthauptet sind um des Zeugnisses Jesu und um des Wortes Gottes willen, und die nicht angebetet hatten das Tier noch sein Bild und nicht genommen hatten sein Malzeichen an ihre Stirn und auf ihre Hand, diese lebten und regierten mit Christo tausend Jahre. 5. Die andern Toten aber wurden nicht wieder lebendig, bis dass tausend Jahre vollendet wurden. Dies ist die erste Auferstehung. 6. Selig ist der und heilig, der teilhat an der ersten Auferstehung. Über solche hat der andere Tod keine Macht; sondern sie werden Priester Gottes und Christi sein und mit ihm regieren tausend Jahre. 7. Und wenn tausend Jahre vollendet sind, wird der Satanas losgewerden aus seinem Gefängnis 8. und wird ausgehen, zu verführen

die Heiden an den vier Enden der Erde, den Gog und Magog, sie zu versammeln zum Streit, welcher Zahl ist wie der Sand am Meer. 9. Und sie zogen herauf auf die Breite der Erde und umringten das Heerlager der Heiligen und die geliebte Stadt. Und es fiel Feuer von Gott aus dem Himmel und verzehrte sie. 10. Und der Teufel, der sie verführte, ward geworfen in den feurigen Pfuhl und Schwefel, da auch das Tier und der falsche Prophet war; und sie werden gequält werden Tag und Nacht von Ewigkeit zu Ewigkeit. 11. Und ich sah einen großen, weißen Stuhl und den, der darauf saß; vor des Angesicht floh die Erde und der Himmel, und ihnen ward keine Stätte gefunden. 12. Und ich sah die Toten, beide, groß und klein, stehen vor Gott, und Bücher wurden aufgetan. Und ein anderes Buch ward aufgetan, welches ist das Buch des Lebens. Und die Toten wurden gerichtet nach der Schrift in den Büchern, nach ihren Werken. 13. Und das Meer gab die Toten, die darin waren, und der Tod und die Hölle gaben die Toten, die darin waren; und sie wurden gerichtet, ein jeglicher nach seinen Werken. 14. Und der Tod und die Hölle wurden geworfen in den feurigen Pfuhl. Das ist der andere Tod. 15. Und so jemand nicht ward gefunden geschrieben in dem Buch des Lebens, der ward geworfen in den feurigen Pfuhl.

Das 21. Kapitel

1. Und ich sah einen neuen Himmel und eine neue Erde; denn der erste Himmel und die erste Erde verging, und das Meer ist nicht mehr. 2. Und ich, Johannes, sah die heilige Stadt, das neue Jerusalem, von Gott aus dem Himmel herabfahren, bereitet als

eine geschmückte Braut ihrem Mann. 3. Und ich hörte eine große Stimme von dem Stuhl, die sprach: Siehe da, die Hütte Gottes bei den Menschen! und er wird bei ihnen wohnen, und sie werden sein Volk sein, und er selbst, Gott mit ihnen, wird ihr Gott sein; 4. und Gott wird abwischen alle Tränen von ihren Augen, und der Tod wird nicht mehr sein, noch Leid noch Geschrei noch Schmerz wird mehr sein; denn das Erste ist vergangen. 5. Und der auf dem Stuhl saß, sprach: Siehe, ich mache alles neu! Und er spricht zu mir: Schreibe; denn diese Worte sind wahrhaftig und gewiss! 6. Und er sprach zu mir: Es ist geschehen. Ich bin das A und das O, der Anfang und das Ende. Ich will dem Durstigen geben von dem Brunnen des lebendigen Wassers umsonst. 7. Wer überwindet, der wird es alles ererben, und ich werde sein Gott sein, und er wird mein Sohn sein. 8. Der Verzagten aber und Ungläubigen und Gräulichen und Totschläger und Hurer und Zauberer und Abgöttischen und aller Lügner, deren Teil wird sein in dem Pfuhl, der mit Feuer und Schwefel brennt; das ist der andere Tod. 9. Und es kam zu mir einer von den sieben Engeln, welche die sieben Schalen voll der letzten sieben Plagen hatten, und redete mit mir und sprach: Komm, ich will dir das Weib zeigen, die Braut des Lammes. 10. Und er führte mich hin im Geist auf einen großen und hohen Berg und zeigte mir die große Stadt, das heilige Jerusalem, herniederfahren aus dem Himmel von Gott, 11. die hatte die Herrlichkeit Gottes. Und ihr Licht war gleich dem alleredelsten Stein, einem hellen Jaspis. 12. Und sie hatte eine große und hohe Mauer und hatte zwölf Tore und auf den Toren zwölf Engel, und Namen darauf geschrieben, nämlich der zwölf Geschlechter der Kinder Israel. 13. Vom Morgen drei Tore, von

Mitternacht drei Tore, vom Mittag drei Tore, vom Abend drei Tore. 14. Und die Mauer der Stadt hatte zwölf Grundsteine und auf ihnen die Namen der zwölf Apostel des Lammes. 15. Und der mit mir redete, hatte ein goldenes Rohr, dass er die Stadt messen sollte und ihre Tore und Mauer. 16. Und die Stadt liegt viereckig, und ihre Länge ist so groß als die Breite. Und er maß die Stadt mit dem Rohr auf zwölftausend Feld Wegs. Die Länge und die Breite und die Höhe der Stadt sind gleich. 17. Und er maß ihre Mauer, hundertundvierundvierzig Ellen, nach Menschenmaß, das der Engel hat. 18. Und der Bau ihrer Mauer war von Jaspis und die Stadt von lauterm Golde gleich dem reinen Glase. 19. Und die Grundsteine der Mauer um die Stadt waren geschmückt mit allerlei Edelgestein. Der erste Grund war ein Jaspis, der andere ein Saphir, der dritte ein Chalzedonier, der vierte ein Smaragd, 20. der fünfte ein Sardonyx, der sechste ein Sarder, der siebente ein Chrysolith, der achte ein Berill, der neunte ein Topas, der zehnte ein Chrysopras, der elfte ein Hyazinth, der zwölfte ein Amethyst. 21. Und die zwölf Tore waren zwölf Perlen, und ein jeglich Tor war von einer Perle; und die Gassen der Stadt waren lauteres Gold wie ein durchscheinend Glas. 22. Und ich sah keinen Tempel darin; denn der Herr, der allmächtige Gott, ist ihr Tempel, und das Lamm. 23. Und die Stadt bedarf keiner Sonne noch des Mondes, dass sie ihr scheinen, denn die Herrlichkeit Gottes erleuchtet sie, und ihre Leuchte ist das Lamm. 24. Und die Heiden, die da selig werden, wandeln in ihrem Licht; und die Könige auf Erden werden ihre Herrlichkeit in sie bringen. 25. Und ihre Tore werden nicht verschlossen des Tages; denn da wird keine Nacht sein. 26. Und man wird die Herrlichkeit und die Ehre der

Heiden in sie bringen. 27. Und es wird nicht hineingehen irgendein Gemeines und das da Gräuel tut und Lüge, sondern die geschrieben sind in dem Lebensbuch des Lammes.

Das 22. Kapitel

1. Und er zeigte mir einen lautern Strom des lebendigen Wassers, klar wie ein Kristall; der ging aus von dem Stuhl Gottes und des Lammes. 2. Mitten auf ihrer Gasse auf beiden Seiten des Stroms stand Holz des Lebens, das trug zwölfmal Früchte und brachte seine Früchte alle Monate; und die Blätter des Holzes dienten zu der Gesundheit der Heiden. 3. Und es wird kein Verbanntes mehr sein. Und der Stuhl Gottes und des Lammes wird darin sein; und seine Knechte werden ihm dienen 4. und sehen sein Angesicht; und sein Name wird an ihren Stirnen sein. 5. Und wird keine Nacht da sein, und sie werden nicht bedürfen einer Leuchte oder des Lichts der Sonne; denn Gott der Herr wird sie erleuchten, und sie werden regieren von Ewigkeit zu Ewigkeit. 6. Und er sprach zu mir: Diese Worte sind gewiss und wahrhaftig, und der Herr, der Gott der Geister der Propheten, hat seinen Engel gesandt, zu zeigen seinen Knechten, was bald geschehen muss. 7. Siehe, ich komme bald. Selig ist, der da hält die Worte der Weissagung in diesem Buch. 8. Und ich bin Johannes, der solches gesehen und gehört hat. Und da ich's gehört und gesehen, fiel ich nieder, anzubeten zu den Füßen des Engels, der mir solches zeigte. 9. Und er spricht zu mir: Siehe zu, tu es nicht! denn ich bin dein Mitknecht und deiner Brüder, der Propheten, und derer, die da halten die Worte dieses Buchs. Bete Gott

an! 10. Und er spricht zu mir: Versiegle nicht die Worte der Weissagung in diesem Buch; denn die Zeit ist nahe! 11. Wer böse ist, der sei fernerhin böse, und wer unrein ist, der sei fernerhin unrein; aber wer fromm ist, der sei fernerhin fromm, und wer heilig ist, der sei fernerhin heilig. 12. Siehe, ich komme bald und mein Lohn mit mir, zu geben einem jeglichen, wie seine Werke sein werden. 13. Ich bin das A und das O, der Anfang und das Ende, der Erste und der Letzte. 14. Selig sind, die seine Gebote halten, auf dass sie Macht haben an dem Holz des Lebens und zu den Toren eingehen in die Stadt. 15. Denn draußen sind die Hunde und die Zauberer und die Hurer und die Totschläger und die Abgöttischen und alle, die liebhaben und tun die Lüge. 16. Ich, Jesus, habe gesandt meinen Engel, solches euch zu bezeugen an die Gemeinden. Ich bin die Wurzel des Geschlechts David, der helle Morgenstern. 17. Und der Geist und die Braut sprechen: Komm! Und wer es hört, der spreche: Komm! Und wen dürstet, der komme; und wer da will, der nehme das Wasser des Lebens umsonst. 18. Ich bezeuge allen, die da hören die Worte der Weissagung in diesem Buch: So jemand dazusetzt, so wird Gott zusetzen auf ihn die Plagen, die in diesem Buch geschrieben stehen. 19. Und so jemand davontut von den Worten des Buchs dieser Weissagung, so wird Gott abtun sein Teil vom Holz des Lebens und von der heiligen Stadt, davon in diesem Buch geschrieben ist. 20. Es spricht, der solches bezeugt: Ja, ich komme bald. Amen, ja komm, Herr Jesu! 21. Die Gnade unsers Herrn Jesu Christi sei mit euch allen! Amen

Das Bibel Projekt

12 Bände in Kassette
Die Kassette wird nur geschlossen abgegeben
Als Einzelbände lieferbar

»Die Bibel ist in.« *The Times*

»Selig sind die Uneingeweihten, denen die Bücher der Bibel nicht oder nur vage bekannt sind, denn sie werden bei der Lektüre ihr Vergnügen haben.«
Joseph von Westphalen in seiner Einleitung zum ersten Buch Mose, genannt Genesis

Die Bibel ist *der* Grundlagentext unserer Kultur. Mehr als sonst irgendein Werk hat Luthers Bibelübersetzung die Art und Weise geprägt, wie wir denken, wie wir uns ausdrücken und wie wir schreiben – ganz aktuell bis heute. Diese Aktualität ist neu zu entdecken.
Das Bibel Projekt bricht die traditionelle, althergebrachte Form auf. Ausgewählte Bücher der Bibel werden in Einzelbänden präsentiert und so als literarisch eigenständige Werke verständlich. Zu allen Bänden haben international bekannte Autoren Einleitungen geschrieben. Sie eröffnen höchst individuelle, provokante Perspektiven. Ein einzigartig neuer Blick auf die Bibel – modern, originell, aktuell.

»Kein Buch hat mehr Bedeutung für unsere Identität, unsere Literatur und die Entwicklung der Sprache als die Bibel.« *P. D. James*

Fischer Taschenbuch Verlag

Die zwölf Bände im Bibel Projekt

Das erste Buch Mose, genannt Genesis
Mit einer Einleitung von Joseph von Westphalen. Band 14501

Das zweite Buch Mose, genannt Exodus
Mit einer Einleitung von David Grossman. Band 14502

Die Bücher Ruth und Esther
Mit einer Einleitung von Zoë Jenny. Band 14509

Das Buch Hiob
Mit einer Einleitung von Louis de Bernières. Band 14504

Der Prediger Salomo
Mit einer Einleitung von Doris Lessing. Band 14505

Das Hohelied Salomos
Mit einer Einleitung von Antonia S. Byatt. Band 14506

Das Evangelium des Matthäus
Mit einer Einleitung von Marlene Streeruwitz. Band 14507

Das Evangelium des Markus
Mit einer Einleitung von Nick Cave. Band 14508

Die Geschichte der Apostel
Mit einer Einleitung von P. D. James. Band 14503

Der Brief des Apostels Paulus an die Römer
Mit einer Einleitung von Ruth Rendell. Band 14510

Die Briefe des Apostels Paulus an die Korinther
Mit einer Einleitung von Fay Weldon. Band 14511

Die Offenbarung des Johannes
Mit einer Einleitung von Will Self. Band 14512

Fischer Taschenbuch Verlag

Franz Kafka

Der Verschollene

Roman

In der Fassung der Handschrift

Band 12442

Thema dieses von Max Brod
in seiner Edition »Amerika« genannten Romans ist die
Einordnung des Einzelnen in die Gemeinschaft.

»Als der siebzehnjährige Karl Roßmann...
in den Hafen von Newyork einfuhr, erblickte er die schon
längst beobachtete Statue der Freiheitsgöttin wie in einem
plötzlich stärker gewordenen Licht.«

»Am schönsten an diesem Werk ist die tiefe
Melancholie, die es durchzieht: hier ist der ganz seltene Fall,
daß einer *das Leben nicht versteht* und recht hat.«
Kurt Tucholsky

Fischer Taschenbuch Verlag

Franz Kafka

Der Proceß

Roman

In der Fassung der Handschrift

Band 12443

Die Frage der Schuld wurde durch
diesen im August 1914, bei Ausbruch des Ersten Weltkriegs,
begonnenen Roman, in dem sie immateriell bleibt,
geradezu zur Vision des Jahrhunderts.

»Jemand mußte Josef K. verleumdet haben,
denn ohne daß er etwas Böses getan hätte, wurde er
eines Morgens verhaftet.«

»In Kafkas Romanen gehen die exzentrischesten
Dinge vor sich. Aber... es ist alles ganz wirklich, mit einer
fast pedantischen Genauigkeit wirklich, wenn auch wirklich
in einer Wirklichkeit, die sich nicht bezeichnen läßt.
Wirklichkeit ist ja eben nichts anderes, als eine Ahnung,
eine Suggestion, eine Erschütterung von fernsten
Weltzusammenhängen her.«
Willy Haas

Fischer Taschenbuch Verlag